Schweigen ist nicht immer Gold

Zitate von Ernst Probst

Ernst Probst

Bibliografische Information der Deutschen Nationalbibliothek:

Die Deutsche Nationalbibliothek verzeichnet diese Publikation in der
Deutschen Nationalbibliografie; detaillierte bibliografische Daten sind
im Internet über http://dnb.d-nb.de abrufbar.

ISBN: 9783640665143

Dieses Buch ist auch als E-Book erhältlich.

Coverbild: Antje Püpke, Berlin

© GRIN Publishing GmbH
Nymphenburger Straße 86
80636 München

Druck und Bindung: Books on Demand GmbH, Norderstedt Germany
Gedruckt auf säurefreiem Papier aus verantwortungsvollen Quellen

Das vorliegende Werk wurde sorgfältig erarbeitet. Dennoch
übernehmen Autoren und Verlag für die Richtigkeit von Angaben,
Hinweisen, Links und Ratschlägen sowie eventuelle Druckfehler keine
Haftung.

Das Buch bei GRIN: https://www.grin.com/document/154054

Schweigen ist nicht immer Gold

Zitate von Ernst Probst

Meiner Ehefrau Doris
sowie meinen Kindern
Beate, Sonja und Stefan
gewidmet

Schweigen
ist nicht immer Gold

Das Internet bietet unvorstellbar viel Mist, aber der Rest ist gar nicht übel". „Je länger man einen Wirrkopf reden lässt, um so mehr entlarvt er sich selbst". „Männer sind Kinder, die nicht mehr weinen dürfen". „Stolz ist eine gute Sache, wenn man es nicht grundlos ist". „Wer wenig redet, sagt nicht viel Falsches". Das sind einige der Zitate des Wiesbadener Journalisten und Autors Ernst Probst aus dem Taschenbuch „Schweigen ist nicht immer Gold". Die ersten Aphorismen schrieb er für die 2001 von seiner Ehefrau Doris herausgegebene zehnbändige Reihe „Weisheiten und Torheiten". Im Laufe der Zeit entstanden immer mehr Zitate, die zunehmend in Tageszeitungen, auf Internetseiten und in Büchern erschienen. Im Sommer 2010 hat sich Ernst Probst dazu entschlossen, eine Auswahl von rund 500 Zitaten über alle möglichen Themen in einem Taschenbuch zu veröffentlichen.

A

AFFE

Manche Menschen benehmen sich so,
als wollten sie unbedingt vom Affen abstammen.

Wer sich selbst zum Affen macht,
darf sich nicht wundern,
dass man ihn als solchen behandelt.

AKADEMIKER

Akademiker erkennt man oft daran,
dass sie an Sonntagen und Feiertagen
in ihrem Garten Rasen mähen.

Akademiker sprechen
am liebsten mit Akademikern,
weil etwas anderes
unter ihrer Würde wäre.

AKTIEN

Gewinne mit Aktien
muss man immer mit dem Fiskus teilen,
Verluste gehören einem ganz allein.

Mancher weiß alles über Aktien,
aber es stimmt nie.

Mit Aktien kann man 1000 Prozent gewinnen,
aber nur 100 Prozent verlieren.

Verluste mit Aktien vergisst man bald,
entgangene Gewinne nie.

Wer gut schlafen will,
sollte auf riskante Aktien verzichten.

Wer zu faul ist,
sein überflüssiges Geld zu verbrennen,
muss nur riskante Aktien kaufen.

ALT

Alt wird jeder,
der nicht jung stirbt.

Mit Würde alt werden,
ist eine Kunst.

Viele Menschen möchten alt werden,
aber nicht alt aussehen.

ALTER

Alter allein macht
nicht weise.

Mancher wird im Alter schöner,
mancher auch nicht.

ANDERS

Wenn jemand anders ist als die Anderen,
hat er bald nichts mehr zu lachen.

ANGESTELLTE

Arbeiter und Angestellte
unterscheiden sich oft dadurch,
wie hoch sie ihre Nase tragen.

Bei Betriebsversammlungen
in großen Firmen
klatschen die Angestellten meistens,
wenn der Chef spricht,
die Arbeiter dagegen buhen.

In den meisten Firmen
gibt es wenige leitende
und viele leidende Angestellte.

ANTIQUITÄTEN

Alte Sachen, die man nicht wegwirft,
sondern teuer verkauft,
werden Antiquitäten genannt.

Antiquitätenhändler
brauchen viel Phantasie
und zwar bei der Festlegung
des Verkaufspreises.

Auch eine gefälschte Antiquität
ist in 5.000 Jahren sehr alt.

Bei den Antiquitäten
ist es wie bei den Menschen:
Es gibt immer weniger Originale.

Billige Antiquitäten
sind oft zu teuer,
weil sie nicht echt sind.

Echt an mancher Antiquität
ist nur anhaftende Sand.

Seit es Internetauktionen gibt,
werden mehr Antiquitäten
auf Dachböden entdeckt
als bei archäologischen Ausgrabungen.

Wer Antiquitäten
abschätzig als altes Zeug abtut,
verrät viel
über seine Intelligenz.

ARBEIT

Arbeit ist immer ungerecht verteilt:
Die einen haben zu viel,
die anderen zu wenig.

Arbeit ohne Anerkennung
ist eine Form der Sklaverei.

Arbeit schätzt man oft erst dann,
wenn man keine mehr hat.

Der Lohn guter Arbeit
ist nicht nur Geld,
sondern auch Zufriedenheit.

Es gibt Arbeit,
die wird so schlecht bezahlt,
dass man sie selbst erledigen muss,
weil sie sonst keiner macht.

Für ein Leben ohne Arbeit
ist nicht jeder Mensch geschaffen.
Manchem Nichtstuer würde es
ganz schön langweilig.

Leute, die Arbeit blöd finden,
würden sich wundern,
welche Folgen es hätte,
wenn das alle täten.

Manche Leute werden schon müde,
wenn sie über Arbeit sprechen.

Nirgendwo steht geschrieben,
dass Arbeit keinen Spaß machen soll.

Wer eine Arbeit
immer erst morgen beginnen will,
macht sie vielleicht nie.

Zu jeder Arbeit gehörten mindestens zwei:
Jemand, der sie macht,
und jemand, der sie beurteilt.

ARBEITSLOS

Ein Arbeitsloser verliert
nicht nur seine Arbeit,
sondern auch seine Anerkennung
in der Gesellschaft.

Selbstgerechte tun so,
als hätte sich der Arbeitslose selbst entlassen.

Über Arbeitslose
reden meistens Leute abfällig,
die selbst
nicht arbeitslos werden können.

ARBEITSWELT

In der Arbeitswelt
herrscht seit eh und je
ein Krieg,
auch wenn dies
oft geleugnet wird.

ARM

Arme Menschen kann man verachten,
gleichgültig hinnehmen,
verstehen
oder ihnen helfen.

Wenn einer reich ist
und ständig armen Leuten vorwirft,
dass sie zu viel Geld haben,
dann ist er selbst arm dran –
und zwar geistig.

Wenn ein Reicher
einen Armen reich redet,
bleibt dieser
trotzdem arm.

Wer arm ist,
muss nicht unbedingt dumm sein,
und wer reich ist,
muss nicht unbedingt klug sein.
Es gibt auch dumme Arme
und kluge Reiche.

ART

Der Mensch ist die einzige Art,
die oft ihresgleichen hasst.

AUSLAND

Besonders gut gefällt es manchem im Ausland,
wenn es dort wie zuhause zugeht.

Erst im Ausland merkt so mancher,
wie schön es in der Heimat ist.

Im Ausland wundern sich manche darüber,
dass es dort nicht so wie zuhause ist.

AUTO

Wenn eine Frau keinen schönen Mann hat,
will sie wenigstens ein schönes Auto haben.

B

BEDIENUNGSANLEITUNG

Eine Bedienungsanleitung wird
von einem Techniker verfasst,
der weiß, wie ein Gerät funktioniert.
Offenbar will er dieses Geheimnis
für sich behalten.

BEIFALL

Beifall spornt
bei jeder Arbeit an.

Wer langsam denkt,
klatscht oft schnell Beifall.

BERÜHMT

Berühmt werden,
ohne etwas dafür zu tun,
ist fast unmöglich.

Über Nacht ist noch niemand
berühmt geworden.

BESSERWISSER

Besserwisser geben Unterricht,
den keiner will.

Besserwisser sind Menschen,
die glauben, alles besser zu wissen,
es aber nicht beweisen können.

Was Besserwisser sagen,
interessiert meistens nur sie selbst
oder einen anderen Besserwisser.

BETROFFEN

Wer ständig betroffen ist,
kommt zu nichts anderem.

BIER

Bier ist ein Zaubertrank:
Es macht stark oder schwach,
munter oder müde,
lustig oder traurig,
lockert oder lähmt die Zunge.

BIOGRAFIE

Jeder Mensch
hat eine interessante Biografie.

BLÖD

Kinder kluger Eltern
können ganz schön blöd sein.

BLÖDER

Ein Blöder
erkennt Blödes nicht auf Anhieb.

BLÖDES

Auch ein kluger Mensch
kann sehr Blödes sagen oder tun.

BLOG

Wer ein Blog betreibt,
beweist zumindest, dass er schreiben
und lesen kann.

BLOGGER

Am liebsten schreiben Blogger
über sich selbst.

Auch Blogger sollten wissen:
Meinungsfreiheit bedeutet nicht,
dass man jeden ungestraft beleidigen
oder beschuldigen darf.

Bei den Bloggern
ist es wie bei den Journalisten:
Nicht jeder
ist ein Meister seines Faches.

Den Titel Blogger
hat man schon nach wenigen Minuten.
Redakteur wird man
erst nach ein oder zwei Jahren.

Blogger sind keine besseren Menschen,
sondern nur so intelligent oder blöd
wie alle anderen auch.

Blogger und Journalisten
machen oft denselben Fehler:
Sie nehmen sich viel zu wichtig.

Der Albtraum jedes Bloggers ist,
dass sich niemand für sein Blog interessiert.

Die schlimmsten Blogger
sind diejenigen,
die wenig Ahnung haben,
aber alles kommentieren.

Ein Journalist erreicht oft
mit einem einzigen Artikel mehr Leser
als ein Blogger mit 1000 Artikeln.

Erfolglose Blogger kritisieren
am liebsten erfolgreiche Blogger.

Manche Blogger haben im Internet
den Pranger wieder eingeführt.

Manche Blogger nehmen sich Freiheiten,
die sie gar nicht haben.

Mancher Blogger verwendet Ausdrücke,
die einen Journalisten seinen Job kosten würden.

Seit es Blogger gibt, sind Journalisten
nicht mehr ganz so wichtig.

Spezialität mancher Blogger,
die mit Mühe wenige Zeilen zustandebringen:
Leute kritisieren, die es besser können.

Viele Blogger verwenden auffällig oft
das Wort „ich“.

Was manche Blogger für Mut halten,
ist in Wirklichkeit nur eine Beleidigung.

Wenn mancher Blogger wüsste,
wie wenig seine Texte gelesen werden,
würde er sich nicht für so wichtig halten.

BOXEN

Beim Boxen merkt man erst,
wenn einer stark blutet
oder reglos auf dem Boden liegt,
dass es keine sanfte Sportart ist.

BRIEFE

Früher erhielt man noch Briefe
von Verwandten, Freunden und Bekannten.
Heute bekommt man meistens Briefe
mit Rechnungen oder Werbung.

BUCH

Die schlimmste Form der Kritik
an einem Buch ist,
wenn man nach wenigen Zeilen
nicht mehr weiter liest.

Ein Buch ist ein Luxusartikel,
weil es meistens nur einmal
und manchmal gar nicht gelesen wird.

Ein Buch zu schreiben,
dauert oft Jahre,
ein Buch zu lesen,
meistens nur wenige Stunden.

Ein Buch sollte man nur dann verleihen,
wenn man es nicht unbedingt mehr braucht.

Es ist ein großer Segen,
dass nicht jeder Mensch
ein Buch schreiben will.

Jedes Buch füllt eine Lücke,
und sei es nur die im Bücherregal.

Manche Leute lesen fast immer ein Buch,
andere nur, wenn sie krank sind
oder schlechtes Wetter herrscht.

Manche Menschen besitzen gar kein Buch,
nicht mal ein Telefonbuch.

Wenn ein Buch
tatsächlich geistige Nahrung ist,
dann hungern viele Menschen.

BUCHVERLEGER

Was ich nicht verstehe:
Warum können viele Buchverleger
von Büchern leben,
viele Buchautoren dagegen nicht.

BÜRGERINITIATIVE

Viele berühmte Kirchen, Dome,
Burgen und Schlösser
könnten heute nicht mehr gebaut werden,
weil dies eine Bürgerinitiative
zu verhindern wüsste.

BÜRO

Büros und Gefängniszellen
haben eines gemeinsam:
Man zwingt Leute,
dort zusammen zu sein,
ohne sie zu fragen,
ob sie dies überhaupt wollen.

Im Büro ist mancher Mann
viel charmanter als zuhause.

Wer kein schönes Zuhause hat,
arbeitet gern länger im Büro.

C

CHARAKTER

Den Charakter eines Menschen
erkennt man auch daran,
worüber er lacht.

Menschen mit schwachem Charakter
sind nur zu Leuten freundlich,
die ihnen wichtig erscheinen.

Menschen mit starkem Charakter
sind auch zu Leuten freundlich,
die ihnen nicht wichtig sind.

Wo der Charakter fehlt,
kommt er selten wieder.

CHEF

Auch ein Chef hat Charakter,
aber was für einen?

Chef kann keiner werden,
der es allen recht machen will.

Einen guten Chef erkennt man spätestens dann,
wenn man unter seinem Nachfolger leidet.

Kein unbeliebter Chef bleibt ewig,
aber seinen Mitarbeitern
kann es schon wie eine Ewigkeit vorkommen,
bis er endlich weg ist.

Selbst wenn man seinen Chef nicht mag,
sein Lob hört man doch gern.

Wo der Chef ein Schwachkopf ist,
liebt man keine klugen Mitarbeiter.

COMPUTER

Computer sind der Beweis,
dass Technik oft nicht funktioniert.

Computer sind komplizierte Zeitgenossen.
Irgendwann machen sie Ärger.

Computer müsste man sein,
dann darf man ungestraft
die Arbeit verweigern.

Von einem Menschen erwartet man,
dass er immer funktioniert,
von einem Computer nicht.

Wer mit der Schreibmaschine
nicht schreiben konnte,
kann es mit dem Computer auch nicht.

D

DEMENTI

Das Dementi ist in einem Käseblatt
der einzige Exklusiv-Bericht.

DEMOKRATIE

Demokratie ist die beste Staatsform,
auch wenn gelegentlich
die Mehrheit etwas Falsches befürwortet.

DIKTATUR

Diktatur entsteht immer dort,
wo man zu wenig dagegen tut.

DINOSAURIER

Das Schicksal der Dinosaurier lehrt uns:
Größe allein garantiert keinen Erfolg.

Die Welt ist ungerecht:
Große Dinosaurier sind in aller Munde.
Über kleine Tiere spricht fast niemand.

Dinosaurier erbrachten den Beweis:
Selbst mit kleinem Hirn
bringt man es erstaunlich weit.

Dinosaurier hatten
etwas mit Menschen gemeinsam.
Auch sie mussten ihresgleichen
am meisten fürchten.

Ein Dinosaurier im Film oder im Fernsehen
interessiert viel mehr Menschen
als ein Dino im Buch oder im Museum.

In der Tierwelt
rissen die Dinosaurier weit das Maul auf.
Heute eifern ihnen Manager
und Politiker nach.

In grauer Vorzeit
brüllten die Dinosaurier am lautesten.
Heute tun dies die Fußballfans.

Menschen lachen gerne über Dinge,
von denen sie keine Ahnung haben.
Drum kichern sie oft,
wenn sie das Wort Dinosaurier hören.

Selbst die gefährlichsten Dinosaurier
waren nicht so böse
wie manche Menschen.

Viele Dinosaurier
hatten die Vorfahren der Menschen
zum Fressen gern.

Viele Dinosaurier
verfolgten am liebsten ihresgleichen.
Bei Menschen ist das ebenso.

Viele Menschen
erwähnen den Begriff Dinosaurier,
wissen aber eigentlich nicht,
was ein Dino ist.

Vielleicht wäre mancher Dummkopf
gerne ein Stegosaurier.
Dieser Dino hatte angeblich ein „zweites Hirn".

Was haben Dinosaurier und Neandertaler
gemeinsam?
Über beide wird viel Unsinn erzählt.

Was kann man von Dinosauriern lernen?
Niemand gehört die Erde ewig.

Wenn Dinosaurier ein Pseudonym
für Rückschrittlichkeit ist,
dann gibt es heute noch viele Dinos.

Wenn heute noch Raubdinosaurier umherstapften,
wären die Leute von ihnen nicht mehr so begeistert.

DRACHEN

Die Drachen von heute
sind alle zweibeinig und weiblich.

Drachen, die nicht fliegen können,
sind am gefährlichsten.

Wer von Drachen schwärmt,
ist sicherlich noch keinem begegnet.

DRACHENKÄMPFER

Drachenkämpfer ist ein Traumberuf:
Man hat nichts zu tun.

DRUCKFEHLER

Druckfehler kommen nur selten vor.
Denn die Drucker drucken nur,
was ihnen andere liefern.
Deshalb sind die meisten Fehler
in Zeitungen, Zeitschriften und Büchern
in Wirklichkeit Fehler des Setzers,
Journalisten oder Autors.

DUMM

Auch ein Dummer
kann klüger werden,
wenn er will.

Der Dumme kennt die Reihenfolge nicht:
Erst denken, dann reden.

Dumme Leute sind gefährlich,
wenn sie die Macht besitzen,
anderen vorzuschreiben,
wie sie zu leben haben.

Dumme Leute
sind nicht schlau genug,
um zu wissen,
dass sie dumm sind.

Ein Dummer,
der weiß,
dass er dumm ist,
ist nicht der Dümmste.

Wer sein Leben lang
den Dümmsten sucht
und ihn nicht findet,
sollte mal
in den Spiegel schauen.

DUMMHEIT

Dummheit ist
ein anhängliches Leiden.

Dummheit ist manchmal
doch ansteckend,
wenn viele Menschen zusammen sind.

Dummheit ist unbesiegbar,
sonst hätte sie sich
nicht so lang behauptet.

E

EDELMUT

Edelmut finden viele Leute gut,
für sich selbst aber zu anstrengend.

ENGEL

Engel kann man vergessen,
Teufel nie.

Wenn man Trauerreden hört,
könnte man meinen,
dass nur noch Engel sterben.

EINIG

Es gibt nur wenige Fragen,
bei denen sich alle Menschen einig sind.

EINZELFÄLLE

Wenn manche Leute
Von Schandtaten ihrer Zunft hören,
betrachten sie diese
als Einzelfälle,
auch wenn es sich
um Tausende
oder sogar Millionen Fälle handelt.

EITELKEIT

Eitelkeit ist gar nicht schlimm,
wenn es gute Gründe dafür gibt.

ELTERN

Die größten Gegner von Leuten mit Talent
sind die eigenen Eltern.

E-MAIL

Bei den meisten E-Mails
will der Absender
sich selbst was Gutes tun
und nicht dem Adressaten.

E-Mails beweisen,
dass eine Erfindung
Segen und Fluch
zugleich sein kann.

Liebesbriefe per E-Mail
haben den Vorteil,
dass man den Text abspeichern
und bei anderer Gelegenheit
wieder verwenden kann.

Von hundert E-Mails,
die man bekommt,
ist oft nur eine interessant
oder gar keine.

ERFOLG

Erfolg wollen fast alle,
aber dafür hart arbeiten nur wenige.

Erfolg über Nacht
ohne harte Arbeit zuvor
gibt es nicht.

ESSEN

Essen ist ein schönes Hobby,
das man sein ganzes Leben lang
betreiben kann.

Es stimmt nicht,
dass Essen und Trinken
den Leib
und die Seele zusammenhalten.
Meistens geht beim Essen
der Leib auseinander.

EXPERTEN

Der beste Experte
in eigener Sache
ist man oft selbst.

Experten erklären einem oft Dinge,
die man gar nicht so genau wissen will.

Experten verstehen oft
die einfachsten Dinge nicht.

Experten wissen immer mehr,
oft aber erst hinterher.

Was ist ein Experte?
Ein Mensch,
der wortreich erklärt,
warum das,
was er prophezeit hat,
nicht eingetroffen ist.

F

FACHJOURNALISTEN

Fachjournalisten greifen nur Themen auf,
die in ihre Schublade passen.

FÄHIGKEITEN

Die Fähigkeiten mancher Leute
existieren nur in ihrer eigenen Phantasie.

Erstaunlich viel Leute
fordern von anderen Menschen Fähigkeiten,
die sie selbst nicht haben.

FALSCH

Manches, was früher als falsch galt,
ist heute immer noch falsch,
nur ist es inzwischen nicht mehr chic,
das laut und deutlich zu sagen.

Was für den Einen todfalsch ist,
ist für den Anderen todrichtig.

FEHLER

Wer meint, er habe keine Fehler,
findet sie deswegen nicht,
weil er sie nur bei anderen sucht.

FEIGLINGE

Nur in ihrer eigenen Phantasie
sind viele Leute wahre Helden,
in Wirklichkeit dagegen
große Feiglinge.

FEINDE

Alte Feinde
sind meistens sehr anhänglich.

Den Charakter eines Menschen
erkennt man daran,
wie er über seine Feinde spricht.

Ein Feind ist oft ehrlicher
als ein Schmeichler.

Feinde zu Freunden machen,
lohnt sich fast immer.

Mancher Feind hasst grundlos:
Er hat nur etwas missverstanden.

Wer durch nichts auffällt,
hat sicherlich keine Feinde.

FERNSEHEN

Das Fernsehen
kann es nicht allen recht machen:
Die einen wollen ein niedriges Niveau,
die anderen ein hohes.

Das Schöne am Fernsehen ist,
dass man sich im Gegensatz zum Kino
seine Nachbarn aussuchen kann.

Der Nachteil der vielen Fernsehsender ist,
dass man viel Zeit braucht,
um eine Sendung auszuwählen.

Die Fernseh-Bildschirme werden immer flacher,
das Niveau vieler Sendungen auch.

Durch Fernsehen holt man Leute
in sein Wohnzimmer,
die man dort eigentlich gar nicht haben will.

Fernsehen ist nicht selten
ein billiges Vergnügen.

Fernsehen könnte etwas Wunderbares sein,
wenn das Programm besser wäre.

Vor dem Fernsehapparat schläft man besser
als vor dem Computer.

Wer die richtigen Fernsehsendungen sieht,
kann durchaus etwas lernen.

Wer viel Zeit vor dem Fernsehgerät verbringt,
verpasst teilweise das wirkliche Leben.

FERNSEHJOURNALISTEN

Eitle Fernsehjournalisten halten sich selbst
für mindestens ebenso bedeutend
wie ihre prominenten Interviewpartner.

FEUILLETON

Feuilleton heißt der Teil,
der in vielen Zeitungen
am wenigsten gelesen wird.

FILM

Bei manchen Filmen weiß man sofort,
wie die Sache ausgeht.

Das Leben
ist der längste Film,
in dem man
die Hauptrolle spielen darf.

Einen guten Film vergisst man nicht,
einen schlechten leider auch nicht.

Es gibt Filme,
die man nie vergisst
und andere,
die man schnell vergessen sollte.

Im Film wird viel geschauspielert,
aber im richtigen Leben noch mehr.

FOSSILIEN

Beim Versand von Fossilien
werden wahrscheinlich mehr Funde zerstört
als bei der Bergung.

Das älteste Fossil,
dessen Namen manche Frau kennt,
ist ihr Ehemann.

Fossilienhändler kennen zwar
manchmal nicht den Artnamen
und den Fundort eines Fossils,
aber sie wissen immer
den genauen Verkaufspreis.

Manche Fossilien wird man nie selbst
mit Hammer und Meißel bergen können.
In diesen Fällen ist eine pralle Brieftasche
das beste Werkzeug.

FRAGEN

Es gibt auf der Welt mehr Fragen
als Antworten.

Manche Fragen werden nur gestellt,
um zu testen,
ob andere etwas nicht kennen,
was man selber weiß.

Vielleicht würden die Leute
weniger Fragen stellen,
wenn diese etwas kosten würden.

Wer viele Fragen stellt,
ist vielleicht gar nicht wissbegierig,
sondern nur zu faul,
sich die Antworten zu merken.

FRAU

Eines der geheimnisvollsten Lebewesen
auf der Erde
ist sicherlich die Frau.

Selbst der dümmste und hässlichste Mann
wünscht sich eine kluge und schöne Frau.

FRAUEN

Bei den Frauen ist es
wie bei den Männern:
Sie mögen niemand,
der sie übertrifft.

Ob Frauen oder Männer
die besseren Menschen sind,
beantwortet eine Frau anders
als ein Mann.

Wenn von Frauen die Rede ist,
meint jeder Mann etwas anderes.

FREUNDE

Der schnellste Weg,
viele Freunde zu verlieren,
ist es,
arbeitslos,
arm,
krank oder
alt
zu werden.

Ein Freund vergisst einen eher
als ein Feind.

Freunde verliert man
aus den unterschiedlichsten Gründen:
Die einen durch Erfolg,
die anderen durch Misserfolg.

Manche Freunde nerven einen mehr
als seine Feinde.

Wahre Freunde sind diejenigen,
die von einer Freundschaft
keine Vorteile erwarten.

FUSSBALL

Auf Fouls reagieren Fußballfans
oft sehr unterschiedlich:
Das Foul der eigenen Mannschaft wird bejubelt,
das des Gegners dagegen verteufelt.
Doch ein Foul ist ein Foul!

Das Wichtigste beim Fußballspiel
ist der Gegner.
Keiner mag ihn,
aber ohne ihn geht es nicht los.

Die größte Kunst bei einem Fußballspiel ist es,
mit Anstand zu verlieren.

Fußballspieler, die oft Fouls begehen,
sind bei fairem Spiel
ihren Gegnern nicht gewachsen.

Manchmal gibt es nur eine Lösung,
um ein Fußballspiel nicht zu verlieren:
Man darf die bessere Mannschaft
nicht auf das Spielfeld lassen.

Schwache Fußballmannschaften
brauchen Fans mit starken Nerven.

Schwache Fußballspieler
haben oft starke Ausreden.

Schwache Fußballtrainer
brauchen starke Spieler.

FUSSBALL-WELTMEISTERSCHAFT

Bei einer Fußball-Weltmeisterschaft
müssen leider erst viele Mannschaften verlieren,
bis sich zuletzt eine freuen kann.

G

GARTENZWERG

Ein Gartenzwerg im Garten
hat sicherlich noch nichts zu bedeuten,
ab zehn ist das schon etwas anders.

GEBURTSTAG

Seltsam, es sind immer dieselben,
die den Geburtstag
eines Verwandten oder Freundes
vergessen.

GELD

Am meisten träumen
vielleicht diejenigen von Geld,
die gerne welches hätten.

Das Geld reicht oft deswegen nicht,
weil man sich zu viel leistet,
was man sich eigentlich gar nicht
leisten kann.

Geld ist ein Zaubermittel,
mit dem man viel Gutes tun kann.

Geld ist etwas Seltsames:
Bei den einen wird es immer mehr,
bei anderen kommt nichts dazu
oder wird es sogar immer weniger.

Wenn man die Wahl
zwischen Geld und Gesundheit hat,
was sollte man dann wählen?
Am Besten beides.

GEMEIN

Gemein sind
immer die Anderen.

Manche Menschen
können sich nicht vorstellen,
dass andere Leute
nicht ebenfalls gemein sind.

GEMEINHEIT

Das Leben könnte so schön sein,
wenn es keine Gemeinheiten gäbe.

Es gibt keine Gemeinheit,
bei der nicht irgendein Trottel
Beifall spendet.

GENIE

Genies sind oft Menschen,
die von einfachen Dingen
wenig Ahnung haben.

Mancher ist fachlich ein Genie,
aber menschlich ein Idiot.

Was ist ein Genie?
Ein Mensch,
der angeblich über ein Thema
alles weiß.

GLAUBEN

Wenn man etwas glaubt,
dann weiß man es eigentlich nicht genau,
möchte es aber gern verbreiten.

GERÜCHT

Wer ein Gerücht in die Welt setzt,
sollte für die Folgen haften.

GLEICH

Wenn alle Leute gleich wären,
würde sich vielleicht
überhaupt keiner mehr besonders anstrengen.

GOTT

Wenn einem kein Mensch mehr helfen kann,
erinnert man sich wieder an Gott.

GÖTTER

Menschen,
die sich selbst für Götter halten,
mögen keine Religion.

Nie gab es mehr Götter als heute,
weil sich viele Menschen
selbst für solche halten.

GRAS

Manche Leute hören sogar
dort das Gras wachsen,
wo breit und breit keines ist.

GROSSER

Auch ein Großer
ist manchmal ganz klein.

GROSSES

Auch ein kleiner Mensch
kann Großes leisten.

GROSSRAUMBÜRO

Chefs, die Mitarbeiter
in Großraumbüros setzen,
sollten wissen:
Der Mensch
ist kein Goldfisch!

Großraumbüros erlauben Einblicke,
die man gar nicht haben will.

Großraumbüros machen es möglich:
Jeder sieht, hört und kontrolliert,
was ihn eigentlich gar nichts angeht.

Großraumbüros werden
von denen am meisten geliebt,
die nie dort arbeiten müssen.

Wer vom Großraumbüro schwärmt,
ist meistens ein Großkopf,
der noch nie dort gearbeitet hat.

H

HÄME

Wo Mitleid angebracht wäre,
reagieren immer mehr Leute mit Häme.

HÄNDE

Hände verraten viel
über einen Menschen.

Wer seine Hände pflegt,
vergisst sicher auch den Rest nicht.

HANDY

Am Handy erkennt man,
ob ein Mensch
auch mal abschalten kann.

Kein Mensch möchte ein Sklave sein.
Sein Handy macht ihn aber doch dazu.

Manche Leute
würden lieber auf ihr Hirn verzichten
als auf ihr Handy.

Ohne Handy erfährt man
Wichtiges oder Unwichtiges
etwas später als mit Handy.

Wer aus dem Haus gehen kann,
ohne ein Handy mitzunehmen,
ist heute ein wahrer Souverän.

HASS

Hass ist etwas für Leute,
die einfache Lösungen lieben.

HAUPTDARSTELLER

Selbst im eigenen Leben
ist man nicht immer der Hauptdarsteller.

HAUT

Manche Menschen
haben eine so dicke Haut,
dass sogar ein Elefant
ganz neidisch wird.

HERDENTIER

Der Mensch ist ein Herdentier.
Wenn einer anders blökt,
bekommt er bald Probleme.

HERUNTER

Manche Leute
müssen andere Leute heruntermachen,
damit sie sich
ebenso groß fühlen können.

HILFE

Wenn Du 1000 Leuten hilfst,
erfährt es meistens niemand.
Wenn Du einen Menschen ärgerst,
liest es oft die ganze Welt.

HILFLOS

Manche Leute stellen sich gern hilflos,
damit ihnen jemand eine Arbeit abnimmt,
die sie selbst nicht machen wollen.

HIMMEL

Das Leben im Himmel
ohne Computer, Internet,
Telefon und Fernsehen
dürfte sehr langweilig sein.

Das Leben im Himmel
ist sehr langweilig,
wenn man neben einem Neandertaler
und einer Nonne sitzt.
Worüber soll man mit ihnen reden?

Das Weiterleben im Himmel
ist der Trost für diejenigen,
deren Leben auf der Erde
zu wünschen übrig lässt.

HINTERHER

Wer immer anderen hinterher rennt,
wird nie Erster.

HOCHDEUTSCH

Wer Hochdeutsch beherrscht,
ist nicht automatisch klüger als derjenige,
der Mundart spricht.

HOCHWASSER

Gaffer sehen gerne Hochwasser,
so lange es nicht
in die eigenen vier Wände schwappt.

HÖLLE

In der Hölle
findet jeder Bösewicht
viele alte Bekannte.

In der Hölle
sind alle Drecksäcke
endlich unter ihresgleichen.

Mancher hat auf der Erde
so Schlimmes erlebt,
dass er die Hölle nicht mehr fürchtet.

Wer in der Hölle schmoren muss,
kann sich zumindest über eines freuen:
Dort bekommt man keine Anrufe
oder E-Mails
mit unerwünschter Werbung.

HOROSKOP

Das Horoskop
in der Zeitung
wird von mehr Leuten gelesen
als der klügste Kommentar.

HUMOR

Manche Stadt beansprucht für sich,
dass in ihr der Humor zur Welt kam.
Aber danach wurde er erwachsen,
ging hinaus in die Welt
und kam nie wieder.

HUMORISTEN

Viele Humoristen
sind wie kleine Kinder:
Sie erzählen immer wieder
den selben Witz.

I

IDEALIST

Idealist ist für manche Leute
eine Art von Schimpfwort.

IDEE

Die beste Idee taugt nichts,
wenn sie keiner durchführt.

Viele Leute haben Ideen,
die immer andere ausführen
oder finanzieren sollen.

INFORMATION

Wer sich wenig informiert,
hat mehr Zeit,
um dumm daher zu reden.

INTERNET

Das Internet
bietet unvorstellbar viel Mist,
aber der Rest
ist gar nicht übel.

Der eigene Name ist für viele Menschen
der wichtigste Suchbegriff im Internet.

Im Internet findet man vieles,
was man eigentlich gar nicht sucht
und auch nicht braucht.

Wenn man was im Internet sucht,
findet man oft was ganz anderes.

Wer im Internet nicht zu finden ist,
erweckt den Eindruck,
er habe gar nicht gelebt.

Wer im wirklichen Leben nicht klar kommt,
flüchtet oft ins Internet.

INTERNETFORUM

Ein Internetforum
ist der ideale Platz,
um jemand,
den man nicht kennt,
anonym und ungestraft
zu beleidigen.

In jedem Internetforum
gibt es mindestens
einen Besserwisser.

IRRGLAUBEN

Die Medien leben im Irrglauben,
dass alles, was ein Prominenter sagt,
alle Menschen interessiert.

J

JOURNALIST

Ein Journalist hat das Talent,
über Themen zu schreiben,
von denen er
zum ersten Mal gehört hat.

Ein Journalist kann sich nur schwer vorstellen,
dass jemand nicht schreiben und lesen kann
oder will.

Journalisten bewegen lieber die Lippen
als die Hände.

Journalisten sind oft Leute,
die mit dem Wissen von gestern
über die Welt von heute
und morgen schreiben.

Journalisten sind oft stolz
auf die tollen Storys,
die sie gern schreiben würden,
es aber nicht tun,
weil sie es gar nicht können.

Journalisten sind so
wie der Rest der Gesellschaft.
Deshalb ist beim Umgang mit ihnen
immer ein wenig Vorsicht geboren.

Wenn ein Journalist
über Dich schreibt,
wirst Du Dich
oft nicht mehr erkennen.

JUGEND

Das Unschöne an der Jugend ist,
dass sie so kurz ist.

In der Jugend möchte man
häufig gerne etwas älter sein,
im Alter ist es umgekehrt.

In der Jugend legt man den Grundstein dafür,
wie es einem im Alter geht.

In der Jugend
schimpft mancher über die Älteren,
doch irgendwann
ist man selbst einer von denen.

Wer in der Jugend viel erlebt,
hat im Alter viel zu erzählen.

K

KABARETTIST

Mancher Kabarettist
ist viel einfallsloser
als diejenigen,
die er ständig verhöhnt.

KARRIERE

Ihr ganzer Fleiß
nützt Ihrer Karriere nichts,
wenn der Chef nicht merkt,
wie Sie schuften.
Arbeiten Sie nur dann auf Hochtouren,
wenn der Chef es sieht.
Wenn er wieder weg ist,
ruhen Sie sich aus.

KÄSEBLATT

Auch ein Käseblatt
hat etwas Gutes:
Man braucht nicht viel Zeit,
um es zu lesen.

Auch in einem Käseblatt
steht manchmal etwas Interessantes,
aber man braucht viel Zeit,
um es zu finden.

Bei einem Käseblatt gilt die Devise:
hoher Gewinn und niedriges Niveau.

Eine Zeitung ist ein Käseblatt,
wenn sie nichts Exklusives bietet.

Ein Käseblatt erkennt man daran,
dass seine Texte alter Käse sind.

Merkmal eines Käseblattes
sind langweilige Texte
und unscharfe Fotos.

KINDER

Eigentlich
sind Erwachsene
nur alte Kinder.

Kinder hören manchmal
viel zu selten
das klare Wort „Nein!".

Kleine Kinder
können große Tyrannen sein.

Kinder sind
kleine Erwachsene.

Raffinierte Kinder
werden raffinierte Erwachsene.

KINO

Bei manchem Kinobesuch
befindet sich die Hauptperson
nicht auf der Leinwand,
sondern auf dem Sitz neben einem.

Das Leben ist oft spannender,
als das, was man im Kino sieht.

Im Kino lernt man,
dass nicht jeder Film im Großformat
wirklich großartig ist.

Wenn man einen Film im Kino sieht,
wundert man sich,
worüber die Leute lachen.

KLEINIGKEITEN

Leute, die zu viel auf Kleinigkeiten achten,
bringen selten etwas Großes zustande.

KLIMA

Das Klima ändert sich,
seit es die Erde gibt.
Nur für Leute,
die keine Ahnung von Wissenschaft haben,
ist das etwas völllig Neues.

KOMIKER

Das Niveau mancher Komiker
ist so niedrig,
dass man es
nicht mehr messen kann.

Die besten Komiker sind diejenigen,
die nur mit einem einzigen Wort
die Menschen zum Lachen bringen.

KONFERENZ

Bei jeder Konferenz,
an der ich teilnahm,
taten sich diejenigen
am meisten mit Vorschlägen hervor,
die hinterher keinen Finger rührten.

KÖNNEN

Jeder Mensch kann mehr,
als er meint.

Wenn man muss,
kann man immer mehr,
als man sich zutraut.

KRAM

Im Laufe eines Lebens
kauft man viel Kram,
den man eigentlich
gar nicht braucht.

KRANKER

Erst als Kranker merkt man,
wie gut es einem vorher ging.

Mancher Kranker ist beleidigt,
wenn ein anderer kränker ist.

KRITIKER

Kritiker sind oft Leute,
die selbst nichts Bemerkenswertes
zustande bringen.

Selten kann ein Kritiker
selbst etwas so gut,
wie er es von anderen fordert.

Wenn ein Kritiker etwas nicht versteht,
wird er besonders bissig.

Wer nichts weiß,
fühlt sich oft
zum Kritiker berufen.

KRÜMEL

Wer unbedingt Krümel finden will,
wird welche finden.

KRÜMELSUCHER

Krümelsucher suchen lieber
kleine Krümel bei anderen,
als selbst große Brocken zu bewegen.

KUNST

Es ist keine Kunst,
von niemand verstanden zu werden.

Viel reden
und trotzdem nichts sagen,
das ist eine Kunst.

Wenig reden
und trotzdem viel sagen,
ist eine Kunst.

L

LAIE

Was ist ein Laie?
Ein Mensch,
der nicht wortreich erklären kann,
warum das,
was er prophezeit hat,
nicht eingetroffen ist.

LEIDENSGENOSSEN

Wenn es Leuten schlecht geht,
suchen sie oft verzweifelt Leidensgenossen,
denen es noch schlechter geht.
Sind diese gefunden,
geht es ihnen gleich wieder etwas besser.

LESEN

Am meisten schimpfen
solche Leute
auf Zeitungen,
die zum Lesen
zu faul sind.

Wenn einer nichts liest,
darf er sich nicht wundern,
dass er dumm ist
und dumm bleibt.

Viele Leute von heute
lesen kaum noch etwas
und sind auch noch stolz darauf.

Wer nichts lesen will,
will nichts wissen.
Und wer nichts wissen will,
bleibt unwissend,
also dumm.

LESERBRIEFSCHREIBER

Die Verfasser von Leserbriefen
in Zeitungen und Zeitschriften
sind oft mutiger als die Journalisten.
Kein Wunder:
Sie müssen keinen Verleger,
keinen Chefredakteur,
keine Lobby
und keine Anzeigenkunden fürchten.

LEXIKON

Wer schaut öfter ins Lexikon:
Jemand, der wenig weiß
und oft nachschlagen muss,
oder jemand, der viel weiß
und noch mehr wissen möchte?

LOB

Ein Lob fällt manchen Leuten so schwer,
weil sie selbst nicht gelobt werden.

Jeder Mensch tut mal was,
was ein Lob verdient.

Manches Lob ist leider
eine Lüge.

LÖSUNG

Der Zufall
kann eine gute Lösung sein.

LÜGE

Eine Lüge bleibt eine solche,
auch wenn sie ständig
laut wiederholt wird.

Eine Lüge
ist geschönte Wirklichkeit.

Gedruckte Lügen
kann man leichter überprüfen.

Lügen haben nicht immer
kurze Beine.

Lügen klingen meistens besser
als die Wahrheit.

LÜGNER

Eines muss man Lügnern lassen:
Sie haben viel Phantasie
und ein gutes Gedächtnis.

Lügner sollten
nur mit ihresgleichen verkehren müssen,
bis sie merken,
wie sinnlos das Lügen ist.

LUXUS

Für manche Leute sind Wasser und Seife
ein großer Luxus,
den die nur selten benutzen.

Ganz ohne Luxus
ist das Leben blöd.

Luxus ist für jeden
etwas anderes.

M

MANAGER

Auch unfähige Manager
sind vor Reichtum
und Ehrungen nicht gefeit.

Bei jedem Manager
steht immer der Mensch
im Mittelpunkt –
allerdings nur einer,
nämlich er selbst.

Eine weitverbreitete Krankheit
unter Managern ist,
dass sie jeden ihrer Mitarbeiter
für überbezahlt halten –
nur sich selbst nicht.

Manager,
die ständig reformieren,
haben noch nie
etwas Bleibendes geschaffen.

Managern, die sagen,
Verträge könne man ändern,
sollte man nicht trauen.

Mancher Manager
schätzt Schönredner besonders,
weil er sich
unter seinesgleichen
am wohlsten fühlt.

Mancher Manager
schart viele Dummköpfe um sich,
damit sein eigenes Licht
besser leuchtet.

Mancher Manager
wird nicht leistungsgerecht bezahlt:
Er verdient eigentlich
einen Tritt in den Hintern,
bekommt aber Millionen.

Wenn Manager
einen tüchtigen Menschen
sehen wollen,
suchen sie diesen nicht
unter ihren Mitarbeitern,
sondern schauen lieber
in den Spiegel.

MÄNNER

Männer gelten als nicht besonders wertvoll,
weil es so vielevon ihnen gibt.

Männer sind Kinder,
die nicht mehr weinen dürfen.

MÄRCHEN

Märchen werden auch heute noch wahr,
wenn man lang genug dafür schuftet.

MASS

Eine der schwierigsten Aufgaben
im Leben ist es,
bei allen Dingen
das richtige Maß zu finden.

MECKERN

Meckern ist todlangweilig,
wenn man keine Zuhörer hat.

Wer immer nur meckert,
kommt nicht dazu,
etwas zu tun,
worüber andere meckern könnten.

MILLIONÄR

Auch Millionäre
leiden unter Vorurteilen.

Als Millionär
freut man sich über vieles nicht,
worüber ein Armer
jubeln würde.

Ein Millionär kann eigene
und fremde Träume erfüllen.

Es gibt mehr Millionäre,
die hart arbeiten,
als man denkt.

Wenn jeder Millionär wäre,
würden sich diejenigen
mit den wenigsten Millionen
als Arme fühlen.

MISCHUNG

Dumm, reich und mächtig,
das ist eine gefährliche Mischung.

MISSSTAND

Ein Missstand wird nicht beseitigt,
indem man ihn leugnet.

MÖGEN

Wenn man jemand nicht mag,
muss man das noch lange nicht
überall hinaus posaunen.

Wer sich selbst nicht mag,
kann oft auch keine anderen Leute leiden.

MUND

Der Mund ist für viele Menschen
das wichtigste Werkzeug.

MUT

Mancher hätte mehr Mut,
wenn er wüsste,
wie das ausgeht.

Mutige Menschen sind immer unbequem,
weil sie für jeden anderen die Frage aufwerfen,
warum er selbst nicht so mutig ist.

Wer keinen Mut hat,
bezeichnet diesen als Unvernunft.

N

NATUR

Natur ist für manche Zeitgenossen
nur dann eine schöne Sache,
wenn man mit dem Auto hinfahren kann.

NEANDERTALER

Wenn ich manche Menschen sehe,
kann ich nicht glauben,
dass die Neandertaler ausgestorben sind.

NEIDER

Der Neider will nur das Geld
und den Ruhm des Erfolgreichen,
seine Arbeit dagegen nicht.

Je mehr Neider einer hat,
um so besser geht es ihm.

Seinen Neidern
kann man es fast nie recht machen,
es sei denn,
man stürzt ins Unglück.

Wer keine Neider hat,
besitzt auch sonst nicht viel.

Wer keine Neider hat,
ist meistens arm dran.

NESSIE

Es gibt doch tatsächlich Leute,
die sich darüber beklagen,
dass Fotos von „Nessie"
unscharf sind.

NOT

Wenn ein Mensch in Not ist,
sollte man ihn nicht verspotten,
sondern ihm helfen.

NOTIZBUCH

Wenn einem nichts einfällt,
braucht man kein Notizbuch.

O

OBST

Am erfrischendsten ist Obst,
wenn man es aus der Flasche trinkt.

OFEN

Ein heißer Ofen
ist heute auch nicht mehr das,
was er früher einmal war.

OHREN

Ohren müssen im Laufe eines Lebens
viel Unnützes hören.

OPFER

Manches Opfer
ist ein Täter.

ORDEN

Meistens bekommen Leute
einen Orden,
die schon mindestens einen haben.

ORDNUNG

Von Ordnung spricht man,
wenn Sachen woanders liegen als vorher
und man sie deswegen nicht mehr findet.

ORIGINAL

Ein Original ist seltener
als eine Kopie,
deswegen kostet es mehr.

OSTEN

Osten ist immer da,
wo der Westen, Norden
und Süden nicht sind.

P

PARADIES

Im Paradies
ginge es reichen Leuten
viel schlechter als heute.
Sie müssten nackt
neben Hinz und Kunz
auf dem blanken Erdboden hocken
und könnten nicht mehr
mit teuren Villen, Autos,
Maßanzügen, Schmuck
oder Uhren protzen.

Reiche wollen nicht zurück ins Paradies,
weil sie dort
wie die Anderen leben müssten.

POLITIKER

Bestimmte Politiker schaden sich
bei jedem Auftritt im Fernsehen mehr,
als es ihre Gegner je vermögen.

Erstaunlich viele Menschen
wünschen sich Spitzenpolitiker
mit Gehältern,
über die jeder Spitzenmanager
nur lachen würde.

Politiker beschimpfen kann jeder,
es besser machen nicht.

Politiker sind
ein Querschnitt der Gesellschaft.
Und diese besteht bekanntlich
nicht nur aus Genies und Helden.

Viele Politiker
bekommen Prügel
von Leuten,
die nicht ihr Format haben.

POLIZIST

Jeder weiß,
dass Polizisten zu schlecht bezahlt werden,
aber mehr bekommen sie trotzdem nicht.

PRANGER

Im Mittelalter
sah man den Menschen,
der am Pranger stand,
nur für kurze Zeit
und an einem einzigen Ort.
Heute sieht man
einen Menschen am Pranger
in der ganzen Welt
und ein Leben lang
im Internet.

Mancher findet den Pranger gut,
bis er selbst dort steht.

PRESSEFREIHEIT

Die Pressefreiheit ist gefährdet
durch erbitterte Gegner
und verantwortungslose Nutznießer.

Pressefreiheit bedeutet:
Alles Wichtige veröffentlichen,
alles Unwichtige nicht.

PROMINENTER

Heutzutage gilt man schon als Prominenter,
wenn man ständig dummes Zeug sagt.

PRODUKTION

Wer für die Produktion ungeeignet ist,
empfiehlt sich bestens für eine leitende Position.

Q

QUALITÄT

Qualität entsteht durch Qual
bei der Durchführung.

QUALVOLL

Besonders qualvoll ist immer
die Ungewissheit.

QUELLE

Bei einer wichtigen Nachricht
sollte man immer
die Quelle kennen.

R

RAT

Guter Rat ist gar nicht teuer,
wenn ihn ein anderer befolgen soll.

RÄTSEL

Jeder Mensch
ist ein Rätsel.

Manches Rätsel
ist schon längst gelöst,
aber die Lösung
wird immer wieder vergessen.

Rätsel sind dazu da,
um gelöst zu werden.

RAUCHER

Während der Zeit,
in der ein Mensch
eine Zigarette raucht,
stellt er meistens
keinen anderen Unsinn an.

Raucher sind großzügige Menschen:
Sie lassen andere
gern kostenlos passiv mitrauchen.

Raucher und Nichtraucher
sollten sich gegenseitig
mehr respektieren.

REDAKTEUR

Bevor ich Redakteur wurde,
dachte ich,
alle Journalisten seien besonders kluge,
kreative, hilfsbereite und mutige Menschen.
Mit zunehmendem Alter erkenne ich:
Das war ein großer Irrtum.

Ein Zeitungsverleger schätzt
seine Anzeigenvertreter mehr
als seine Redakteure.
Kein Wunder:
Erstere bescheren ihm Einnahmen,
Letztere nur Kosten.

Mancher Redakteur empfängt
nicht gerne Besucher in der Redaktion,
weil er so jämmerlich
untergebracht ist.

Redakteure und Zeitungsverleger
haben unterschiedliche Ziele:
Erstere wollen eine möglichst
gute Zeitung machen,
Letztere möglichst viel verdienen.

REDEN

Auch einer,
der nichts zu sagen hat,
redet manchmal zu viel.

Reden ist nicht immer Silber
und Schweigen ist nicht immer Gold.
Manchmal ist es besser etwas zu sagen,
als es still hinzunehmen.

Wer viel redet,
sagt irgendwann
was Richtiges.

Wer wenig redet,
sagt nicht viel Falsches.

REICHER

Ein Reicher kann viel verlieren,
ein Armer dagegen wenig.

Reiche Menschen kann man
hassen,
verachten,
beneiden,
bewundern oder
nachahmen.

RELIGION

Viele Leute lehnen Religion ab,
weil es so mühsam ist,
mit Anstand durch das Leben zu gehen.

RENTE

Die Rente ist sicher.
Unsicher ist nur,
ob man davon leben kann.

Die Rente ist sicher.
Unsicher ist nur,
wie viel man bekommt.

RENTNER

Die Freuden eines Rentners
werden dadurch getrübt,
dass er für manches zu alt ist.

RETTEN

Manche Leute
retten lieber die ganze Welt
als ihre Familie.

RICHTIGES

Wenn der Falsche etwas Richtiges sagt,
glaubt ihm keiner.

RÜCKSICHTSLOS

Leute, die während der Fernsehübertragung
eines Fußball-Länderspiels anrufen,
sind vermutlich auch sonst rücksichtslos.

RUHE

Bevor man zur Ruhe kommt,
muss man machmal
ganz schön laut werden.

Manchmal wünscht man sich seine Ruhe,
aber es soll nicht gleich für ewig sein.

Zu viel Ruhe
ist auch nicht schön.

S

SÄBELZAHNTIGER

Säbelzahntiger gibt es heute
nur noch in Büchern und Filmen,
und das ist auch gut so.

SAMMLER

Sammler fühlen sich
am besten von ihresgleichen verstanden.

Sammler horten oft,
was andere gar nicht haben wollen.

Sammler zeigen gern
ihre Schätze,
auch wenn man sie gar nicht
sehen will.

SAUREGURKENZEIT

In der Sauregurkenzeit
ist so wenig los,
dass die Medien
sogar über Dinge berichten,
die es gar nicht gibt:
zum Beispiel
über das Seeungeheuer Nessie
oder den Schneemenschen Yeti.

SCHANDE

In jeder Zeit
versteht man unter Schande
etwas anderes.

Was für manche eine Schande ist,
ist anderen nur ein Achselzucken wert.

SCHEIDUNG

Bei jeder Scheidung freut sich einer.
Meistens ist es der Scheidungsanwalt.

Nach der Scheidung wird oft klar,
dass man
mit einem unbekannten Wesen
verheiratet war.

SCHLAUBERGER

Ein Schlauberger
denkt bei jeder Arbeit zuerst daran,
wer an seiner Stelle
diese erledigen soll.

SCHLECHTGEHEN

Egal, wie schlecht es einem geht,
es könnte fast immer
noch viel schlechter kommen.

SCHLIMMSTES

Das Schlimmste,
was manchen Leuten drohen könnte, ist,
dass sie es nur noch
mit Typen zu tun haben,
die so sind wie sie selbst.

SCHRIFTSTELLER

Nur wenige Schriftsteller
können von ihrer Arbeit leben.
Deswegen sind sie
meistens Lebenskünstler.

Wenn jeder Schriftsteller wäre,
gäbe es noch weniger Leute,
die Bücher lesen.

SCHWERHÖRIGKEIT

Wer unter Schwerhörigkeit leidet,
überhört viel Wichtiges und Interessantes,
aber auch manchen Quatsch.

SEHNSUCHT

Es gibt erstaunlich viele Menschen,
die eine seltsame Sehnsucht
nach Zeiten haben,
in denen niemand offen
die Wahrheit sagen durfte.

Es gibt Menschen,
die eine Sehnsucht danach haben,
dass man jeden,
der eine andere Meinung als sie vertritt,
drangsalieren darf.

SELBSTGERECHTE

Selbstgerechte sind stolz darauf,
dass sie zu anderen so grausam sind.

SELBSTGESPRÄCHE

Diskussionen zwischen zwei Leuten
sind oft nur Selbstgespräche,
weil keiner dem Anderen zuhört.

SELBSTLOB

Fremdes Lob ist besser als Selbstlob,
aber schwerer zu kriegen.

Selbstlob geschieht nicht ohne Grund,
und sei es nur, um sich mal selbst zu loben.

Selbstlob hört man
nur selber gern.

Selbstlob ist besser,
als Fremde zu beschimpfen.

Selbstlob ist Ersatz dafür,
dass einen kein anderer lobt.

Selbstlob ist
immer ehrlich gemeint.

Selbstlob ist nicht schlimm,
wenn es den Richtigen trifft.

Selbstlob ist nur schlimm,
wenn es zu viele Leute hören.

SOZIAL

Für Selbstgerechte
ist das Wort sozial
ein rotes Tuch.

Viele Menschen,
die kein soziales Gewissen haben,
sind auch noch stolz darauf.

Wer in bestimmen Zeiten
ein soziales Gewissen hat,
gilt als Träumer.

SPORTLER

Sportlern gönnt man Millionen,
Politikern neidet man Tausender.

STEINZEIT

Die Frauen schauten in der Steinzeit
nicht so oft wie heute in den Spiegel,
aber nur, weil es damals noch keinen gab.

Erstaunlich viele Leute benehmen sich so,
als ob sie zurück in die Steinzeit wollten.

In der Steinzeit gab es zweifellos
viel weniger Verkehrsunfälle als heute,
obwohl man nicht besser fahren konnte.

In der Steinzeit
hat man kaum Briefe geschrieben,
weil es so anstrengend war,
einen zu schnitzen oder zu meißeln.

In der Steinzeit
hat man weniger geredet als heute,
weil es nicht viele Worte gab.

In der Steinzeit
hat niemand den Fernsehapparat eingeschaltet
und trotzdem ist man gut eingeschlafen.

In der Steinzeit
wollte keiner Briefträger werden,
weil er unterwegs
von Löwen
oder Säbelzahntigern
gefressen worden wäre.

In der Steinzeit
wusste kein Mensch,
dass die Zeit,
in der er lebt,
Steinzeit heißt.

STOLZ

Stolz ist eine gute Sache,
wenn man es nicht grundlos ist.

STUDIUM

Das Studium des Fernsehprogramms
hat noch niemand viel schlauer gemacht.

Die meisten Leute
studieren lieber in einem Lokal
die Speisekarte
als irgendetwas
an einer Universität.

SÜNDENBOCK

Der Sündenbock
ist oft Ersatzmann
für Übeltäter.

T

TALKSHOW

Bei einer Talkshow
darf nur der Moderator ausreden.

Bei mancher Talkshow
hat der Moderator
vom Thema so gut
wie keine Ahnung.

In Talkshows
geben unverschämte Leute den Ton an.

In Talkshows redet
mancher Teilnehmer
viel über ein Thema,
von dem er
wenig Ahnung hat.

Talkshows sind Marktplätze
zum Austausch von Vorurteilen.

Wer bei einer Talkshow eine Frage
mit mehr als fünf Sätzen beantworten will,
bekommt meistens keine Chance dazu.

Zu Talkshows lädt man
gerne Paradiesvögel ein.

TAPFERE

Tapfere sind allen Feiglingen
ein Dorn im Auge.

TECHNIK

Die Technik soll dem Menschen dienen
und nicht der Mensch der Technik.

TEILEN

Meister im Teilen ist,
bei dem seine Hälfte
immer größer ist
als die Andere.

TELEFONIEREN

Man kann lang telefonieren,
ohne kurz miteinander zu reden.

TEUFEL

Mit einem Teufel erlebt man mehr
als mit einem Engel.

TEUFELIN

Textilfrei sieht manche Teufelin
besser als ein Engel aus.

THEORIE

Manche Leute
kümmern sich lieber in der Theorie
um das Wohl der ganzen Welt
als in der Praxis um einen einzigen Menschen.

In der Theorie klappt es immer,
in der Praxis schon seltener.

TIERE

Manche Tiere lieben Menschen so,
dass sie sie am liebsten fressen würden.

TORHÜTER

Schwache Torhüter
brauchen starke Verteidiger.

TOTSCHWEIGEN

Etwas Totschweigen ist sinnlos,
weil es trotzdem existiert.

In mancher Region
wetteifern Lokalzeitungen
in der Kunst
des Totschweigens.

Manche Redakteure
sind wahre Meister im Totschweigen
interessanter Themen.

TRAUM

Einen schönen Traum kann man erzählen
oder verwirklichen.

TRAUMFRAUEN

Traumfrauen existieren meistens nur im Traum.
Bei Traummännern ist es ebenso.

TREUE

Im Film und im Fernsehen ist Treue
oft nur etwas für Doofe.

TUGEND

Wer selbst keine Tugenden hat,
schätzt auch diejenigen bei anderen nicht.

U

UHR

Wer keine Uhr trägt, beweist,
dass er der Herr seiner eigenen Zeit ist.

UNFREUNDLICH

Manche Leute sind mit Vorsicht zu genießen,
wenn es ihnen schlecht geht,
andere dagegen, wenn es ihnen gut geht.
Es gibt aber auch Leute,
die immer unfreundlich sind,
egal wie es ihnen gerade geht.

UNTREUE

Untreue Leute tun heute oft so,
als sei es eine besondere Leistung,
jemand zu betrügen.

UNVERNUNFT

Das beste Mittel gegen Unvernunft ist,
dass man deswegen oft auf die Schnauze fällt.

Unvernunft ist da,
wo die Vernunft verreist ist.

UNZUVERLÄSSIG

Unzuverlässige Zeitgenossen
sollten eine Zeitlang
nur mit ihresgleichen zu tun haben,
dann wären sie bald geheilt.

URLAUB

Urlaub ist auch deswegen so schön,
weil man endlich mal andere Leute sieht.

URZEIT

In der Urzeit
gab es noch keine Uhrzeit.

In der Urzeit sind die Menschen
früher gestorben als heute,
weil die nächste Arztpraxis
etliche tausend Jahre entfernt war.

In der Urzeit
waren Spaziergänge lebensgefährlich,
weil man unterwegs
gefressen werden konnte.

In der Urzeit wusste keiner,
was eine Sekunde, Minute, Stunde, Tag,
Monat oder ein Jahr ist.
Und trotzdem ging die Zeit um.

V

VERBRECHER

Jeder Verbrecher
hat seine eigenen Regeln.

VERGESSEN

Bestimmten Leute kann man sagen,
was man will:
Sie hören nicht zu
oder vergessen es sofort.

VERGESSLICHKEIT

Vergesslichkeit erspart
einem manche Arbeit.

VERLEGER

Fast jeder Verleger
ist für Demokratie im eigenen Land,
aber nicht immer im eigenen Verlag.

Wenn sich ein Verleger
zwischen Geist und Geld entscheiden muss,
wählt er fast immer das Erstere.

VERNÜNFTIG

Mancher Mensch
wirkt nur deswegen so vernünftig,
weil ihm gerade
nichts Dummes einfällt.

VERRÜCKTER

Manche Menschen müssen nicht weit gehen,
um einen Verrückten zu sehen:
Ein Blick in den nächsten Spiegel genügt.

VERSTEHEN

Es gibt erstaunlich viele Leute,
die zwar alles hören,
aber nichts verstehen.

Verstehen tut man immer,
aber leider nicht immer richtig.

VORBILD

Manche Menschen brauchen kein Vorbild,
sie werden selber eins.

WAHRHEIT

Die Wahrheit ist leider
oft unbequemer als die Lüge.

Die Wahrheit ist ein so wertvolles Gut,
dass manche Leute sie scheuen.

Die Wahrheit ist oft viel komplizierter
als die Lüge.

Um eine Wahrheit auszusprechen,
braucht man Mut,
für eine Lüge reicht Phantasie.

WAHRSAGEREI

Die Wahrsagerei krankt daran,
dass sich das Schicksal
oft anders entscheidet.

WEINEN

Auf dem Friedhof weint ein Mann selten,
im Wirtshaus schon eher.

Nirgendwo weinen Männer mehr
als auf dem Sportplatz.

WERBUNG

Die Werbung in einer Fernsehsendung
kriegen viele Leute gar nicht mit,
weil sie währenddessen in der Küche
etwas zum Trinken oder Essen holen.

Gott sei dank gibt es
bei etlichen Fernsehprogrammen
zwischendurch Werbung –
Wann sollten sich sonst die Leute
noch unterhalten?

WERT

Manche Dinge
sind schon nichts mehr wert,
wenn man sie gekauft hat.

WETTER

Viel zuverlässiger als der Wetterbericht
ist ein Blick aus dem Fenster.

Wenn man lang genug wartet,
stimmt der Wetterbericht immer.

WICHTIG

Es gibt Leute,
die sich selbst für sehr wichtig halten,
und keiner weiß warum.

WIRRKOPF

Je länger man einen Wirrkopf reden lässt,
um so mehr entlarvt er sich selbst.

WISSEN

Wenn man nur noch über das
reden und schreiben würde,
was man genau weiß,
würde nur noch sehr wenig
geredet und geschrieben.

Wissen ist Macht,
Unwissen Ohnmacht.

WISSENSCHAFT

Wissenschaft dient manchmal dazu,
etwas aufwändig zu beweisen,
was man eigentlich schon lange weiß.

Wissenschaft sollte Wissen schaffen,
nicht verschleiern.

WISSENSCHAFTLER

Einen Wissenschaftler erkennt man oft daran,
dass er auf eine einfache Frage,
die ein Normalbürger bejahen
oder verneinen würde,
sehr umschweifig antwortet
und man letztlich nicht weiß, was er sagen wollte.

Wissenschaftler finden mitunter heraus,
dass man über ein Forschungsobjekt
eigentlich sehr wenig weiß
und dass vieles von dem Wenigen,
das man zu wissen glaubt,
noch umstritten ist.

Wissenschaftler lieben es,
sich so auszudrücken,
dass sie von Laien nicht verstanden werden.
Das gehört zum Standesbewusstsein.

WITZE

Männer, die ständig Witze erzählen,
sind oft selbst ein Witz –
und leider nicht der Beste.

WOHLWOLLEN

Kluge Leute
hängen oft vom Wohlwollen
dummer Leute ab.

WUNDER

Wunder sind oft
nur das Ergebnis harter Arbeit.

X

X

Auf den Buchstaben X können
nicht nur die Mexikaner schwer verzichten.

Y

YPSILON

Tastaturen wären etwas übersichtlicher
und billiger,
wenn es den Buchstaben Ypsilon
nicht gäbe.

Z

ZEIT

Jeder Mensch hat genug Zeit
für das,
was er für wichtig hält.

Wer zu wenig Zeit hat,
tanzt vielleicht
auf zu vielen Hochzeiten.

Wie gut eine Zeit ist,
hängt oft davon ab,
was man damit anstellt.

Zeit hat man immer –
allerdings nicht für alles
und nicht für jeden.

ZEITUNG

Eine schlechte Zeitung
kritisiert man am besten,
wenn man sie nicht kauft.

Eines ist jeden Tag
in einer Zeitung anders:
die Druckfehler

Wenn man die Zeitung erst am Abend liest,
erscheint manches darin nicht mehr so wichtig.

Wer keine Zeitung oder Zeitschrift liest
und nie Nachrichten im Rundfunk hört
oder im Fernsehen sieht,
lebt in einer anderen Welt.

ZEITUNGSLESER

Zeitungsleser sind Menschen,
die bei der Lektüre ihres Blattes hoffen,
dass gestern
etwas Interessantes passiert ist.

ZEITUNGSVERLEGER

Die Qualität einer Zeitung
kann man nicht messen,
meint mancher Zeitungsverleger,
und arbeitet unermüdlich daran,
dass man in seinem Blatt
keine Qualität mehr erkennen kann.

ZIEL

Wer sich für ein großes Ziel einsetzt,
hofft oft vergeblich auf viele Helfer.

ZUSCHAUER

Ein Zuschauer
hat es immer gut.
Er weiß alles besser,
braucht dies
aber nicht beweisen.

Was haben Fußball
und Politik gemeinsam?
Jeder Zuschauer glaubt,
er wisse es besser.

DER AUTOR

Buchautor Ernst Probst   *Foto: Klaus Benz*

Ernst Probst, geboren am 20. Januar 1946 in Neunburg vorm Wald im bayerischen Regierungsbezirk Oberpfalz, ist Journalist und Wissenschaftsautor. Er arbeitete von 1968 bis 1971 als Redakteur bei den „Nürnberger Nachrichten", von 1971 bis 1973 in der Zentralredaktion des „Ring Nordbayerischer Tageszeitungen" in Bayreuth und von 1973 bis 2001 bei der „Allgemeinen Zeitung", Mainz. In seiner Freizeit schrieb er Artikel für die „Frankfurter Allgemeine Zeitung", „Süddeutsche Zeitung", „Die Welt", „Frankfurter Rundschau", „Neue Zürcher Zeitung", „Tages-Anzeiger", Zürich, „Salzburger Nachrichten", „Die Zeit", „Rheinischer Merkur", „Deutsches Allgemeines Sonntagsblatt", „bild der wissenschaft", „kosmos", „Deutsche Presse-Agentur" (dpa), „Associated Press" (AP) und den „Deutschen Forschungsdienst" (df). Aus seiner Feder stammen die Bücher „Deutschland in der Urzeit" (1986), „Deutschland in der Steinzeit" (1991), „Rekorde der Urzeit" (1992), „Dinosaurier in Deutschland" (1993 zusammen mit Raymund Windolf) und „Deutschland in der Bronzezeit" (1996). Von 2001 bis 2006 betätigte sich Ernst Probst als Buchverleger sowie als Fossilien- und Antiquitätenhändler. Insgesamt veröffentlichte er mehr als 300 Bücher, Taschenbücher und Broschüren sowie über 300 E-Books.

BÜCHER
VON ERNST PROBST

Superfrauen 1 – Geschichte
Superfrauen 2 – Religion
Superfrauen 3 – Politik
Superfrauen 4 – Wirtschaft und Verkehr
Superfrauen 5 – Wissenschaft
Superfrauen 6 – Medizin
Superfrauen 7 – Film und Theater
Superfrauen 8 – Literatur
Superfrauen 9 – Malerei und Fotografie
Superfrauen 10 – Musik und Tanz
Superfrauen 11 – Feminismus und Familie
Superfrauen 12 – Sport
Superfrauen 13 – Mode und Kosmetik
Superfrauen 14 – Medien und Astrologie
Superfrauen aus dem Wilden Westen
Malende Superfrauen
Königinnen der Lüfte von A bis Z
Königinnen des Films 1
Königinnen des Films 2
Königinnen des Tanzes
Königinnen des Theaters

Der Schwarze Peter. Ein Räuber
im Hunsrück und Odenwald
Julchen Blasius. Die Räuberbraut
des Schinderhannes
Elisabeth I. Tudor. Die „jungfräuliche"
Königin
Machbuba. Die Sklavin und der Fürst
Maria Stuart. Schottlands tragische Königin
Sieben berühmte Indianerinnen
Pocahontas. Die Indianer-Prinzessin
aus Virginia

Kurzbiografien über berühmte Fliegerinnen:
Liesel Bach. Deutschlands erfolgreichste
Kunstfliegerin
Pancho Barnes. Amerikas erste Stuntpilotin
Melli Beese. Die erste Deutsche
mit Pilotenlizenz
Elly Beinhorn. Deutschlands Meisterfliegerin
Vera von Bissing. Eine Kunstfliegerin
der 1930-er Jahre
Marga von Etzdorf. Die tragische
deutsche Fliegerin
Luise Hoffmann. Die erste
deutsche Einfliegerin

Rita Maiburg. Einer der ersten weiblichen
Linienflugkapitäne
Marie Marvingt. Die „Mutter
der Luftambulanz"
Käthe Paulus. Deutschlands
erste Luftschifferin
Thea Rasche. The Flying Fräulein
Marina Raskowa. Eine fliegende
„Heldin der Sowjetunion"
Wilhelmine Reichard. Die erste
Ballonfahrerin in Deutschland
Hanna Reitsch. Die Pilotin der Weltklasse
Lisl Schwab. Eine Kunstfliegerin
aus den 1930-er Jahren
Melitta Schenk Gräfin von Stauffenberg.
Deutsche Heldin mit Gewissensbissen
Sabine Trube. Die deutsche
Düsenjet-Kommandantin
Beate Uhse. Deutschlands erste Stuntpilotin

Rekorde der Urzeit. Landschaften,
Pflanzen und Tiere
Rekorde der Urmenschen. Erfindungen,
Kunst und Religion
Archaeopteryx. Die Urvögel aus Bayern

Der Ur-Rhein. Rheinhessen
vor zehn Millionen Jahren
Höhlenlöwen. Raubkatzen im Eiszeitalter
Der Rhein-Elefant. Das „Schreckenstier"
aus Eppelsheim
Säbelzahnkatzen. Von Machairodus
bis zu Smilodon
Der Höhlenbär
Monstern auf der Spur. Wie die Sagen über
Drachen, Riesen und Einhörner entstanden
Affenmenschen. Von Bigfoot bis zum Yeti
Seeungeheuer. 100 Monster von A bis Z
Tiere der Urwelt. Leben und Werk
des Berliner Malers Heinrich Harder

Der Ball ist ein Sauhund. Weisheiten
und Torheiten über Fußball
(zusammen mit Doris Probst)
Worte sind wie Waffen. Weisheiten und
Torheiten über die Medien
(zusammen mit Doris Probst)
Meine Worte sind wie die Sterne. Die
Entstehung der Rede
des Häuptlings Seattle
(zusammen mit Sonja Probst)
Weisheiten der Indianer